# RÉPONSE

A QUELQUES OBJECTIONS

SUR L'ETABLISSEMENT

# DE LA RÉPUBLIQUE

EN FRANCE

PAR

**Alexandre RENAULT**

HOMME DE LOI A ARGENTAN.

ARGENTAN

Imprimerie et Typographie de Ml. CAGNANT.

1871.

M'occupant depuis longtemps de recueillir les matériaux pour servir à une Bibliographie du département de l'Orne, j'ai eu la bonne fortune de découvrir récemment une brochure qui, par son titre et par le nom de l'auteur, me parait mériter les honneurs d'une réimpression. Quoique datant de 1792, une bonne et solide réponse aux objections sur l'établissement de la République en France n'en est pas moins un sujet plein d'actualité. Il est curieux en effet de retrouver à une époque déjà si éloignée et si différente de la nôtre, la plupart des objections dont les partis monarchiques se font aujourd'hui une arme contre une forme de gouvernement, que la Constitution démocratique de la société française et une expérience bien chèrement acquise indiquent comme la seule qui convienne à notre pays. J'ai donc pensé faire une œuvre utile en remettant sous les yeux de nos concitoyens la réfutation adressée par un jurisconsulte distingué, une des gloires du barreau d'Argentan, et l'un des plus dignes représentants du département de l'Orne au Conseil des Cinq-Cents, aux adversaires anciens et aux adversaires actuels de la République.

Alexandre-Jacques RENAULT, *homme de loi à Argentan*, l'auteur de la brochure que nous publions, n'a pas été omis par M. Frère dans son excellent *Manuel du Bibliographe normand;* mais il n'est pas même cité par M. l'abbé Fret dans ses *Antiquités et Chroniques percheronnes*, ni par Pitart. Théodore Lebreton nous apprend seulement que ce jurisconsulte est né dans le Perche, à Moulins-la-Marche, vers 1770. En l'absence des renseignements que peuvent seules fournir les recherches locales, nous sommes réduit à donner simplement, en guise de biographie, la liste des ouvrages publiés par Alexandre Renault, et à faire connaître sommairement quelle fut son attitude au Conseil des Cinq-Cents. Nous aurions voulu indiquer au moins quel fut l'effet produit dans le département de l'Orne par la publication de la *Réponse*. Là encore nous sommes réduit aux conjectures. Nous croyons néanmoins pouvoir affirmer que cette publication ne fut pas sans influence sur l'attitude prise dès ce moment par l'administration de ce département si vivement travaillé par les intrigues de la réaction.

Quoi qu'il en soit, nous n'avons trouvé cette brochure mentionnée dans aucun recueil de bibliographie et dans aucun catalogue, pas même dans le catalogue des imprimés de la Bibliothèque nationale. Nous avons donc lieu de penser qu'elle est fort rare et qu'elle ne se rencontre que dans les collections de quelques bibliophiles privilégiés, comme tant d'autres documents précieux pour l'histoire de cette époque. Il nous paraît convenable d'en donner rapidement l'analyse.

Avec une rare profondeur de vues, le savant avocat argentanais pose d'abord cet axiôme, auquel les évènements devaient donner une éclatante confirmation : « Quand un peuple a rompu ses chaînes et qu'il est résolu de mourir plutôt que d'être esclave, il n'est point de force sur la terre qui puisse le replonger dans la servitude ; une seule chose alors est à craindre pour sa liberté, c'est sa division. » L'auteur examine ensuite les objections principales formulées par les adversaires de la République. Les deux premières sont relatives à la fidélité due d'une part à la personne de Louis XVI, de l'autre à la Constitution. Ce n'est pas la Nation, répond Alexandre Renault, qui a manqué de fidélité envers le roi, n'est-ce pas lui qui le premier a trahi son serment? « Il n'est pas vrai, ajoute-t-il, que l'abolition de la royauté soit l'anéantissement de la Constitution; elle n'en est que la confirmation.... C'est pour sauver l'une que l'on a sacrifié l'autre. » Mais il faudrait tout citer, car ici nous entrons dans une question dont les termes, à quatre-vingts ans de distance, n'ont, pour ainsi dire, pas changé. « Il était impossible de ne pas prévoir que les Bourbons ne voudraient jamais reconnaître la souveraineté du peuple et qu'il faudrait nécessairement ou que la royauté pérît ou que le peuple perdît sa souveraineté...... Au reste, quand toutes les digues ont été renversées et qu'il faut absolument choisir entre le despotisme le plus illimité et la République, il n'y a pas à balancer. »

La République, ajoutait-on, ne convient pas à un grand état comme la France. La réponse à cette objection, c'est la division de la France en départements dont chacun formant une administration particulière, sans rompre l'unité nationale, jouissait alors d'une véritable autonomie que la fatale Constitution de l'an VIII devait faire disparaître avec presque toutes nos libertés publiques. Oui, la décentralisation, une décentralisation effective qui consiste non pas à augmenter les attributions des préfets, agents du pouvoir central, mais au contraire à rendre aux Conseils généraux élus librement une part directe dans l'administration du département, et aux Conseils municipaux la faculté de choisir leur maire, la liberté communale étant la base de toutes les autres : Voilà ce que la Francc réclame en vain depuis la Révolution.

Les Français, disait-on enfin, comme nous l'entendons répéter chaque jour, sont indignes de la liberté. L'auteur réfute sans peine cette dernière objection, en rappelant les prodiges de courage et de patriotisme dont les Français régénérés par la liberté donnaient alors l'exemple au monde. Or, nous aussi, en dépit de l'humiliation profonde dans laquelle est aujourd'hui plongée notre malheureuse patric, en dépit des horreurs de la guerre civile qui vient de ruiner une partie de la capitale, et dont la réaction espère tirer parti, nous osons ne pas désespérer de la cause de la liberté, et nous persistons à penser avec les esprits les plus éminents que la République, c'est-à-dire la délégation du pouvoir exécutif à un chef élu pour un temps limité et responsable est la seule forme de gouvernement qui soit possible avec une société démocratique comme la nôtre, dans laquelle la souveraineté nationale repose sur le suffrage universel.

La brochure remarquable, dont nous venons de donner un aperçu, ne paraît avoir été publiée qu'après les élections à la Convention nationale, ce qui explique que son auteur n'ait pas alors été élu. Il fut en l'an IV envoyé au Conseil des Cinq-Cents par le département de l'Orne et prit une part très-active aux travaux législatifs de cette assemblée.

Il ne saurait entrer dans notre plan de mentionner ici les différentes motions, la plupart relatives à des questions de jurisprudence, qui furent présentées à la tribune par Alexandre Renault dans le cours de la session du Conseil des Cinq-Cents ; l'indication sommaire de ces discours remplit presque une colonne entière de la Table du *Moniteur universel*. Ainsi, il défendit la loi du 3 brumaire contre les émigrés, qui s'efforçaient alors d'exploiter au profit de la cause du royalisme la réaction thermidorienne; mais il soutint avec raison, en vertu des principes de la division des pouvoirs constitutionels, que ce n'était pas à la législature à l'appliquer. Rappelons enfin que, dans la séance du 24 prairial an VII, Alexandre Renault défendit énergiquement la liberté de la presse et que l'impression de son discours fut ordonnée.

« Que la Constitution, dit-il, suspende l'exercice d'un commerce, d'une industrie ou d'un art quelconque, je le conçois; mais je ne pourrais jamais croire à une exception condamnée par la raison et par les principes constitutionnels eux-mêmes. On répond que cette loi prohibitive n'est autorisée par la Convention qu'à raison des circonstances, c'est là une illusion; la législature, juge des circonstances, peut donc prohiber la presse à volonté. Alors, il fallait que la Convention dît : La presse est libre autant que le voudra le législateur. »

Alexandre Renault, entré au Corps législatif en l'an VIII, en sortit en l'an XI, et s'occupa dès lors exclusivement de jurisprudence : Membre de l'Académie de législation, il publia divers travaux qui lui ont conquis une place honorable parmi les jurisconsultes français (1). D'après la *Biographie normande* de Th. Lebreton, il mourut vers 1820.

---

(1) Traité des conventions ou engagements sans conventions, ou Commentaires sur les lois des 17 et 19 pluviôse an XII, formant les titres 3 et 4 du III livre du Code civil. Paris, F. Didot, 1806, in-12.

Inutile d'ajouter que cette réimpression reproduit textuellement l'édition originale, publiée à Alençon, chez Malassis le jeune, vers le mois de septembre 1792, après la prise de Verdun. Notre exemplaire porte quatre corrections, évidemment de la main de l'auteur, nous indiquons en note les mots changés ou supprimés.

LOUIS DUVAL.

---

Table du Code civil des Français, suivi de l'Exposé des motifs et des discours, etc. Paris, F. Didot, 1804-1820, 10 vol. in-12.

# RÉPONSE

## A QUELQUES OBJECTIONS

## SUR L'ÉTABLISSEMENT

# DE LA RÉPUBLIQUE

## EN FRANCE

Nous avons deux sortes d'ennemis à combattre ; les tyrans qui nous font la guerre, et les esclaves qui mettent tout en œuvre pour nous désunir et nous décourager. Les uns s'efforcent de renverser l'arbre de la liberté, tandis que les autres essaient d'ébranler, par des insinuations perfides, le patriotisme qui le soutient : les premiers ne sont pas les plus redoutables. Quand une fois un Peuple a rompu ses chaînes, et qu'il est résolu de mourir plutôt que d'être esclave, il n'est point de force sur la terre qui puisse le replonger dans la servitude ; une seule chose alors est à craindre pour sa liberté, c'est la division : d'où il suit que nos ennemis les plus dangereux sont ceux qui cherchent à occasionner parmi nous des troubles et des dissensions civiles. Malheur à nous, s'ils parviennent à nous diviser ! car alors il se formera deux partis qui se heurteront réciproquement ; il résultera de leur choc des étincelles qui occasionneront un incendie, et la liberté périra au milieu des flammes. Tel sera le sort des Français, s'ils se laissent séduire par les suggestions empoisonnées de ces hommes insidieux, qui, à l'aide d'une tendresse feinte pour l'état, travaillent à affaiblir en eux l'amour de la patrie. Jusqu'ici, nous avons été assez heureux pour éviter les pièges qu'ils nous ont tendus ; mais leur malignité n'est pas encore à son comble, et ils n'abandonneront leurs projets destructeurs qu'après avoir épuisé tout ce que l'imposture a de plus séduisant pour parvenir aux fins criminelles qu'ils se sont proposées ; aussi les voyons-nous en ce moment s'élever avec force contre l'établissement de la République.

Ils disent d'abord que nous n'avons pu briser le sceptre de Louis XVI sans rétracter le serment de lui être fidèles.

Ils soutiennent ensuite que l'abolition de la royauté est la destruction entière de la constitution.

Enfin, ils prétendent que le gouvernement républicain ne convient point à la France, soit parce que son territoire est trop grand, soit parce que le peuple n'y a pas assez de vertu pour recevoir la République.

S'il est vrai qu'il y ait des sophismes capables de jeter le peuple dans les convulsions du désespoir et de l'anarchie, ce sont ceux-là. Il est donc essentiel de les détruire avant qu'ils aient fait aucuns progrès sensibles, et c'est à ceux mêmes qui les font que je m'adresse.

Vous reprochez à la Nation française de n'avoir pas été fidèle à son Roi; mais n'est-ce pas lui qui le premier a cessé d'être fidèle à la Nation? et le moment où il est devenu parjure ne nous a-t-il pas déliés envers lui? Le tyran (1) préparé en secret de nouvelles chaînes à son Peuple, et vous vous plaignez de ce que celui-ci coupe la main *royale* qui les forge! Le despote appelle et soudoie des troupes étrangères pour briser l'autel de la patrie et élever son trône sur ses débris, et vous vous

(1) Je ne suis point acharné contre Louis XVI, je le crois assez puni par la perte de sa couronne; mais je suis indigné de l'odieuse imputation dont on ose noircir le Peuple français.

plaignez de ce qu'il tombe anéanti sous le choc terrible du Peuple ! Que fallait-il donc faire dans la crise violente où nous étions ? Fallait-il rentrer dans l'esclavage ? Fallait-il présenter des mains faibles et désarmées à ces hordes de barbares qui nous apportent des fers au nom de Louis XVI ? Non ; la postérité n'aura point à nous reprocher une telle lâcheté. Elle dira : « Quand le Roi des Français voulut re-« prendre le pouvoir absolu, il conçut « l'affreux projet de faire exterminer « l'Assemblée Nationale ; mais le Peuple « indigné se leva et l'écrasa de sa foudre. « Ainsi Jupiter foudroya Phaëton, qui ne « sut pas conduire son char (1). »

Mais, dites-vous, il fallait frapper sur le Roi et non sur la royauté, puisqu'on ne pouvait la détruire sans détruire en même temps la constitution que tout Français avait juré de défendre jusqu'à la mort.

Vous vous trompez, hommes perfides ! ou plutôt vous cherchez à tromper Il n'est pas vrai que l'abolition de la royauté soit l'anéantissement de la constitution, elle n'en est qu'une confirmation. En effet,

---

(1) Encore si Louis XVI n'avait à se reprocher que sa négligence ou son incapacité à conduire le vaisseau de l'Etat ! mais tout le monde connaît ses trahisons et ses perfidies.

quel est le but de notre constitution ? D'assurer à chaque individu la jouissance des droits de l'homme et du citoyen. Mais puisque l'expérience nous a appris que ces droits et la royauté étaient des choses incompatibles, il s'ensuit évidemment que l'abolition de la royauté n'a fait que confirmer la constitution, loin de la détruire : c'est pour sauver l'une que l'on a sacrifié l'autre (1).

Mirabeau, Péthion, Sieyes, constituants, vous saviez bien que vous donniez à la France une République ; mais il fallait la cacher pour un temps sous l'ombre de la monarchie (2).

---

(1) On ne manquera pas de dire que ceci est un paradoxe, et que l'abolition de la royauté est un véritable changement apporté à la constitution. Quand cela serait, on aurait tort d'en conclure qu'elle entraîne la ruine entière de la constitution, puisqu'un simple changement n'est point un renversement.

Insistera-t-on, et dira-t-on qu'au moins la Nation est parjure, parce qu'elle avait juré de ne point toucher à sa constitution avant un temps limité ? Mais qui ne voit qu'un pareil serment est nul de plein droit ? En effet, une Nation qui promettrait de ne point changer sa constitution, s'obligerait envers elle-même. Or, peut-on s'obliger envers soi ? Un tel engagement peut-il même se concevoir ?

(2) Ce serait taxer l'Assemblée constituante d'avoir

La République, entends-je, ne convient pas à un grand état.

Cette objection, que tant de gens font sans la comprendre, peut être vraie en général ; mais elle n'est pas applicable à la France.

En effet, pourquoi la République est-elle plus propre aux petits états qu'aux grands? Parce que l'effet de la République étant de relever le peuple écrasé sous les fers, de l'arracher à l'oppression de ceux qui le tenaient dans l'abattement, de le faire sortir de sa crainte servile, de briser enfin toutes les chaînes des hommes pour ne

---

manqué de génie, que de penser que son intention n'a pas été de nous donner une République ; car il était impossible à tout homme sensé et éclairé de ne pas prévoir que les Bourbons ne voudraient jamais reconnaître la souveraineté du Peuple ; que par conséquent la force et la volonté n'étant jamais d'accord, il faudrait nécessairement ou que la royauté pérît, ou que le Peuple perdît sa souveraineté ; et la preuve que l'Assemblée constituante avait prévu ce qui arriverait, c'est qu'elle avait eu soin de donner au Peuple plus de force qu'au Roi, afin que l'avantage fût du côté du Peuple, et qu'il fût conduit à la République.

Au reste, quand toutes les digues de la monarchie ont été renversées, et qu'il faut absolument choisir entre le despotisme le plus illimité et la République, il n'y a pas à balancer.

laisser subsister que celles de la loi, le Peuple alors est nécessairement plus fier, et les liens du gouvernement sont plus relâchés. Cependant, comme le ressort du gouvernement doit être d'autant plus tendu (*) que le peuple est plus nombreux, parce qu'il faut plus de force pour contenir cent mille hommes que dix mille, il s'ensuit que la République est moins propre aux grands états qu'aux petits.

Mais il est évident que la France (**) doit être exceptée de cette règle générale, puisque, par un coup de génie unique, elle a été divisée en quatre-vingt-trois départements, qui, sans rompre l'unité sociale, ont la force de quatre-vingt-trois administrations particulières, et sont comme autant de leviers qui soutiennent la charge pesante du gouvernement. La France est un grand fleuve que l'on a divisé en quatre-vingt-trois rivières, de peur d'être inondé par ses débordements (1).

---

(*) Le texte imprimé, portait *étendu* ; l'*é* a été effacé dans notre exemplaire (L. D.).

(**) Mais il est évident que la France, *qui d'ailleurs n'est qu'un état médiocre.* » Les mots soulignés ont été raturés (L. D.)

(1) Je ne crains pas que les richesses corrompent nos nouveaux administrateurs; ils ne sauraient faire de grandes fortunes, tout le monde en sait les raisons.

Enfin, votre dérnière objection est de dire que la république ne saurait convenir à des peuples qui préfèrent l'esclavage à la liberté, et dont l'âme dégradée par mille espèces de préjugés, n'a pas assez de force pour recevoir l'amour de la patrie, cette vertu sans laquelle les Républiques ne peuvent subsister longtemps.

Est-ce pour insulter aux Français, que vous les comparez à ces esclaves orgueilleux de leurs fers, à ces esclaves qui se plaisent dans leur avilissement, et pour qui le bonheur est de vivre et mourir enchaînés aux pieds de leurs maîtres? Est-ce pour leur insulter, que vous les comparez à ces êtres cacochimes incapables de supporter la liberté? Non, non, les Français ne sont plus *ces ci-devant bourgeois* que la liberté eût plus accablés que la servitude. Il s'est écoulé entre 1788 et l'an premier de la République, quatre siècles, durant lesquels ils ont perdu toutes les petites passions qui naissaient de l'esclavage. Les idées gothiques qui fascinaient leurs yeux ne sont plus, leur âme s'est agrandie dans l'âme de leurs représentants (1); ils aiment l'égalité, ils

---

Je ne crains pas non plus qu'ils oppriment le Peuple, ils ont intérêt à le protéger.

(1) Il est certain que depuis quatre ans le civisme a

ont l'amour de la patrie, ils sont prêts à lui sacrifier leur vie. Voyez le maire d'Etampes, voyez Beaurepaire, mourant pour leur pays (1) ; voyez ces époux aban-

---

fait des progrès étonnants : on voit même des ci-devant gentilshommes bénir l'instant heureux où le Peuple français a repris sa dignité. Un d'eux me disait, il y a quelques jours :

« Je ne sais pas quelle révolution s'est faite en moi ;
« mais je sens que mon cœur est plus noble depuis que
« j'ai perdu ma *noblesse* : mes sentiments sont plus
« élevés, mon âme est plus grande.

« Je suis loin d'approuver, me disait un autre, la
« démence héroïque de mes ci-devant confrères, qui
« exposent leur vie pour recouvrer leur esclavage. Les
« aveugles ! ils ne voient donc pas que la Révolution
« française leur donne en échange d'une chimère le plus
« grand de tous les biens, la liberté ? Ils ne voient donc
« pas que le titre de citoyen est plus, infiniment plus
« honorable que celui de gentilhomme ? De vieux par-
« chemins, il est vrai, ne nous élèveront plus aux hon-
« neurs, mais nous y arriverons (*) par nos talents et
« nos vertus ; nous n'aurons plus de maîtres à flatter,
« mais nous aurons une patrie à servir ; des hommes
« vils et lâches ne tomberont plus à nos genoux, mais
« nous ne ramperons plus à la cour ; l'estime qu'on
« aura pour nous ne se mesurera plus sur l'antiquité de
« nos titres, mais elle se mesurera sur l'étendue de
« notre mérite. »

(1) Je voudrais qu'on donnât à chacun des trois hus-

(*) « Mais nous *irons*. » (L. D.).

donnant leur femme et leurs enfants pour aller défendre la liberté ; voyez tous les jeunes gens désertant la maison paternelle et se précipitant sur l'ennemi ; voyez ces vertueux vieillards tout en pleurs (*) : ce ne sont pas les dangers que vont courir leurs enfants qui leur arrachent des larmes, c'est la douleur de ne pouvoir les imiter ; voyez enfin la Nation entière prête à verser tout son sang pour repousser les brigands qui osent lui présenter des fers ! Amour de la patrie, source inépuisable des plus sublimes vertus, c'est toi qui donnes à nos braves défenseurs cette énergie de sentiment qui fait affronter les périls et surmonter les obstacles ; c'est toi qui les embrases du feu sacré dont brûlaient les Romains ; c'est toi qui les transformes en héros. O mes amis ! ô mes concitoyens ! de quelle gloire vous allez vous couvrir ! Il est si beau, il est si glorieux de mourir pour son pays ! Que dis-je ? Mourir ! Non, vous êtes Français ; vous vaincrez.

Je m'écarte de mon sujet, je le sens ; mais quelle ame patriote ne me pardon-

---

sards envoyés à Metz par le commandant de Thionville, un sabre, sur lequel on lirait ce vers de Racine :

*Au travers des périls un grand cœur se fait jour.*

(*) « Tous en pleurs. » Cette faute a été corrigée dans notre exemplaire (L. D.).

nerait pas ces transports? effet inconcevable de l'amour de la patrie! La France est en danger, et soudain des milliers de Français offrent leur sang pour la sauver.

Je crois avoir établi que la Nation française ne peut être parjure envers un roi qui la trahissait chaque jour, et qui, à l'exemple de Philippe de Macédoine, amusait son peuple avec des serments.

J'ai prouvé, ce me semble, que l'abolition de la royauté n'est qu'une confirmation de la constitution, et qu'ainsi il y a de l'absurdité, ou plutôt de la perfidie, à soutenir qu'elle en est l'entière destruction.

Enfin, j'ai fait voir que les Français sont faits pour la liberté; que la République leur est propre, et qu'elle a trouvé des hommes et non des esclaves. Cessez donc vils esclaves, cessez donc vos murmures. En vain vous vous efforcez d'émouvoir le peuple en faveur de votre maître; en vain vous tendez des pièges à sa bonne foi; en vain vous cherchez à lui inspirer de l'horreur pour la République. Il ne sera pas dupe de vos sophismes; il ne se laissera pas entraîner par vos impressions perfides. Il a pour lui, et vous avez contre vous, l'expérience de quatre années; il se souvient de tout ce que vous avez fait pour l'égarer; il se souvient de toutes les manœuvres que vous avez employées pour armer le citoyen contre le citoyen; il se souvient de tout ce que vous avez dit, de tout ce que vous avez écrit pour produire des schismes, pour allumer dans son sein le fanatisme, et le porter à noyer dans son sang les droits de l'homme et du citoyen. Pourquoi faut-il que d'insensés préjugés vous aveuglent ? Ah ! si vous pouviez ouvir les yeux ; si vous pouviez…… mais non, l'orgueil ne veut pas revenir. Eh bien! puisque vous aimez-mieux dépendre d'un Roi que de la loi, puisque vous préférez le titre d'esclaves privilégiés à celui de citoyens, poursuivez vos horribles desseins ; troublez le repos de la France ; remplissez-là, s'il est possible, de meurtres et de carnage, mais souvenez-vous qu'un Peuple qui combat tout entier pour sa liberté ne peut jamais être asservi.

Sociétés patriotiques, soutenez la République de vos têtes.

Et vous, gardes nationales, soutenez-là de vos bras.

Sociétés patriotiques, inspirez au Peuple le respect pour la loi (1), l'amour de

---

(1) Il est évident que moins l'homme dépend de l'homme, plus il doit dépendre de la loi ; aussi doit-elle se présenter à la réflexion des Républicains avec une sorte de sainteté. La vertu, ce principe du gouvernement républicain, n'est autre chose que l'amour des lois et de la patrie.

de l'ordre et de l'union; apprenez-lui que ses agitateurs sont ses ennemis ; faites-lui sentir que ses divisions sont plus à craindre pour sa liberté, que le fer des vils satellites de l'Autriche et de la Prusse.

Et vous, gardes nationales, arrêtez ses excès : dissipez ses rassemblements tumultueux, et prenez garde que sa tranquillité ne soit troublée. En un mot, que toute dissension cesse à la vue des tyrans qui nous menacent : par-là nous les déconcerterons; par-là nous arrêterons leurs projets sanguinaires; par-là enfin, nous vaincrons, et nous forcerons les Nations étonnées de convenir *que les Français sont dignes de la liberté et de l'égalité.*

ALEXANDRE RENAULT, Homme de loi à Argentan.

---

Les bornes que je me suis prescrites dans ce petit ouvrage, ne m'ont pas permis de lui donner plus d'étendue; mais avec un peu de réflexion, il sera facile aux lecteurs de sentir la vérité des idées qu'il renferme.



---

Argentan. — Typ. et Lith. de Mᵗ CAGNANT.

www.ingramcontent.com/pod-product-compliance
Lightning Source LLC
LaVergne TN
LVHW010312230826
846091LV00007B/3112

* 9 7 8 2 0 1 3 4 4 9 2 3 6 *